Christoph Zehendner

So viel Leben gönn ich mir

„Unter all den schwierigen Menschen bei dir zu Hause oder am Arbeitsplatz gibt es nur einen Einzigen, den du wirklich ändern kannst. Bei dem musst du ansetzen.“ *C.S. Lewis*

„Nichts bewahrt uns so gründlich vor Illusionen wie ein Blick in den Spiegel.“ *Aldous Huxley*

„Ganz und gar man selbst zu sein kann schon einigen Mut erfordern.“ *Sophia Loren*

„Herr, du bist mein Schutz und meine Hilfe,
du hältst mich mit deiner mächtigen Hand;
dass du mir nahe bist, macht mich stark.
Du hast den Weg vor mir frei gemacht,
nun kann ich ohne Straucheln vorwärts gehen."
Psalm 18,36 und 37 (Gute Nachricht)

Inhalt

Zum Einstieg: Gönne dich dir selbst!

Dieses Buch wird Ihr Leben ändern.

Quatsch, war nur ein Spaß, das könnte ich doch niemals ernsthaft behaupten. So gerne ich Ihnen das auch versprechen würde.

Ich fange besser nicht so vollmundig an.

Ich sag Ihnen einfach, was ich mir vorgenommen habe:

Dieses Buch will Ihnen Mut machen.

Mut dazu, eine ganz besonders wichtige Beziehung zu pflegen: die zu sich selbst.

Der Mensch im Spiegel hat eine gewisse Aufmerksamkeit verdient.

Egal, ob er (oder sie) jung ist oder alt, hübsch oder interessant, schlecht rasiert oder gut geschminkt.

Egal, ob dieser Mensch da im Spiegel ein gestresster Manager ist oder eine vielbeschäftigte Familienfrau.

Eine engagierte Pfarrerin oder ein ziemlich genervter Handwerksmeister.

Ein Macher im Hamsterrad oder ein Wirbelwind,

der vor lauter Aufgaben einfach nicht zur Ruhe findet.

Vielleicht auch ein total durchschnittlicher Normalo oder eine nette Frau ohne besondere Auffälligkeiten.

Wenn Sie mit diesem Menschen klarkommen, wenn Sie ihn mögen und ihm einen guten Rahmen bieten, wird sich das vielfältig auswirken. Sehr positiv auswirken.

Warum ich da so sicher bin? Nun, weil ich ja auch selbst so meine Last mit dem Menschen in meinem Spiegel habe. Weil ich mich selbst als Versuchskaninchen für dieses Buch zur Verfügung gestellt habe. Und weil ich mich ein wenig umgehört habe. Und beim Stöbern auf interessante Anregungen von ganz unterschiedlichen Persönlichkeiten gestoßen bin. Anregungen, die *mich* anregen. Und Sie ja vielleicht auch.

Z.B. die Tipps eines gewissen „Bernhard“.

Bernhard wurde aktiv, als sein Freund Eugen im Stress war, so richtig im Stress. Schier aus heiterem Himmel musste Eugen in einem komplett neuen Job durchstarten, musste Verantwortung übernehmen in einem weitverzweigten Weltkonzern. Er wurde aus einer unbedeutenden Filiale in die Zentrale versetzt und musste dort mitten hinein ins Haifischbecken springen. Sein neuer Alltag glich dem der Bosse in jedem anderen Weltkonzern: Zuhören, Informationen aufnehmen, Entscheidungen treffen, anordnen, Herausforderungen angehen und Zukunft möglich machen. Und das in schwierigen Zeiten, mit unzähligen kniffligen Baustellen und einem Heer von Feinden.

Eugen hatte schwer zu leiden unter dieser Last. Die Verantwortung drückte auf seinen Schultern. Doch Eugen hatte einen Freund, einen sehr wertvollen Freund. Und der begleitete ihn aus der Ferne mit guten Gedanken und Ratschlägen. Und so schrieb dieser Freund – eben Bernhard – an den vielbeschäftigten Eugen:

Ich fürchte, dass du, eingekeilt in deine zahlreichen Beschäftigungen, keinen Ausweg mehr siehst und deshalb deine Stirn verhärtest. Dass du dich nach und nach des Gespürs für einen durchaus richtigen und heilsamen Schmerz entledigst. Es ist viel klüger, du entziehst dich von Zeit zu Zeit deinen Beschäftigungen, als dass sie dich ziehen und dich nach und nach an einen Punkt führen, an dem du nicht landen willst.

Du fragst, an welchen Punkt. An den Punkt, wo das Herz hart wird. Wenn also alle Menschen ein Recht auf dich haben, dann sei auch du selbst ein

Mensch, der ein Recht auf sich selbst hat. Warum solltest einzig du selbst nichts von dir haben? Wie lange noch schenkst du allen anderen deine Aufmerksamkeit, nur nicht dir selbst? Wer aber mit sich selbst schlecht umgeht, wem kann er gut sein?

Denke also daran: Gönne dich dir selbst. Ich sage nicht, tu das immer, ich sage nicht, tu das oft, aber ich sage, tu das immer wieder einmal: Sei wie für alle anderen auch für dich selbst da, oder jedenfalls sei es nach allen anderen.

„Gönne dich dir selbst." Starke und hochaktuelle Worte, finden Sie nicht auch? Ach ja, bevor ich's vergesse, die Freunde Bernhard von Clairvaux und Eugen III. lebten vor etwa 900 Jahren, und sie waren beide Geistliche. Im Kloster hatten sie sich kennen und schätzen gelernt. Und als Eugen dann zum Papst ernannt wurde, unterstützte Bernhard ihn mit gutem Rat und mit Klartext aus den Klostermauern heraus.

„Gönne dich dir selbst", schrieb er ihm. Ein Satz fürs Poesiealbum und fürs Stammbuch. Ein Rat mit Tiefgang. Eine Botschaft mit gewaltiger Wirkung – wenn wir sie für uns denn annehmen und auch auf uns übertragen.

Obwohl wir keine Päpste sind. Obwohl unsere Aufgaben überschaubar sind (verglichen mit denen, die der Kopf einer Weltkirche zu bewältigen hat) und wir keine erbitterten Feinde haben, die uns nach dem Amt und nach dem Leben trachten.

Gönne dich dir selbst. Du bist doch sonst für alle möglichen anderen Menschen da. Du zerreißt dich fast, weil du deine Aufgaben in der Familie, im Beruf, in der Gemeinde, in der Nachbarschaft und wo sonst noch überall total ernst nimmst und niemanden enttäuschen möchtest. Doch Vorsicht – warnt Bernhard –, denke nicht immer nur an all die anderen, denk auch mal an dich.

Ein weiser Rat aus Zeiten, die den Begriff „Burnout“ noch nicht kannten. Ein Stück Überlebenstipp auch schon damals, als man nicht rund um die Uhr per Handy erreichbar und „verfügbar“ war.

Ein Rat, zu dem Bernhard auch Jesus selbst als Autorität hätte anführen können:

„*Du sollst deinen Nächsten lieben wie dich selbst*“, sagt Jesus (Markus 12,31 b; und er knüpft damit an eine sehr alte Weisheit aus dem Alten Testament an). In der Kirchengeschichte hat dieser Satz eine Menge Taten der Nächstenliebe ausgelöst: Krankenhäuser wurden gebaut, Altersheime errichtet, Asyl für Obdachlose und Flüchtlinge geschaffen. „*Liebe deinen Nächsten*“, ja, das ist zweifelsfrei sehr gut und immer nötig.

Aber der zweite Teil der Aufforderung Jesu, „... *wie dich selbst!*", geriet daneben oft in Vergessenheit. Dabei können beide Aussagen eigentlich nur zusammen richtig sein. Ich kann andere Menschen nur lieben, wenn ich mit mir selbst klarkomme. Die Liebe zum Nächsten und die Liebe zu mir selbst hängen eng zusammen.

Sagt Jesus.

Und im Sinne Bernhards ausgedrückt bedeutet das wohl: Wenn ich immer nur alles Mögliche für alle möglichen anderen Menschen tue, dann kann ich gegen die Wand fahren. Ich kann, ich darf, ich sollte, ich muss mich mir auch selbst gönnen. Und dann habe ich auch Kraft, für andere da zu sein.

Das ist wichtig.

Lebenswichtig.

Aber gar nicht leicht.

Sie, verehrte Leserin, verehrter Leser, sind mutig.

Sie haben mein Büchlein bis hierher gelesen und wissen jetzt in etwa, was in diesem Buch auf Sie zukommt.

Herzlichen Glückwunsch dazu.

Sie haben sich die Zeit gegönnt, um etwas zu lesen, was wichtig für Sie werden könnte. Und was womöglich – wenn Sie das wollen – Ihr Leben tatsächlich verändern könnte. In dem Maß, in dem Sie das wollen und festlegen.

Sollen wir das gleich mal ganz konkret ausprobieren?

Gönnen Sie sich bitte einmal zehn Minuten Zeit und machen Sie sich hier oder auf einem Extrablatt Notizen. Die einfache Frage lautet: **Angenommen, ich hätte morgen einen kompletten Tag frei – was würde ich mir gerne gönnen?**

Bitte sehr, legen Sie los:

-
-
-
-
-
-
-
-
-
-
-
-
-
-
-
-
-

Na, sind die zehn Minuten langsam herumgegangen oder könnten Sie noch lange weiterschreiben?

Egal, wie viel oder wie wenig Sie sich notiert haben: Lassen Sie diese Wünsche bitte einfach mal stehen. Und blättern Sie von Zeit zu Zeit zurück. Vielleicht wagen Sie es ja mal, im Laufe der Lektüre des Buchs, den einen oder anderen Wunsch in die Tat umzusetzen?

Stellen Sie sich jetzt einmal vor, Sie hätten einen Urlaubstag. Sie säßen auf einer schönen Bank, hätten einen herrlichen Ausblick vor sich und würden sich etwa so fühlen, wie ich es in diesem Liedtext beschreibe:

Auf meiner Bank

Mein Freund, lass deine Arbeit steh'n,
komm, nimm dir Zeit für ein Glas Wein.
Die Welt wird sich schon weiterdreh'n,
auch ohne unser Strebsamsein.

Hier sitze ich auf meiner Bank
und lehne mich entspannt zurück.
Ich tue nichts. Denk: Gott sei Dank!
Ich lebe – welch ein Glück.

Bin nicht mehr jung und noch nicht alt,
hab schon so vieles hinter mir.
Bin rumgerannt und hingeknallt
und sitze trotzdem heute hier.
Hab gut zu tun und dennoch Zeit.
Das übe ich geduldig ein.
Lern Schritt für Schritt Besonnenheit,
will eifrig, doch gelassen sein.

Hier sitze ich …

Ich übe noch, mein Freund, schon gut,
ich geb's ja zu, mir fehlt noch viel.
Doch schau, was sich bei mir schon tut:
Ganz langsam wachs ich hin zum Ziel.
Ich hoff, ich werd ein weiser Mann,
voll Gottvertrau'n und Kindermut,

der tapfer Fehler machen kann,
der lacht und liebt und in sich ruht.

Hier sitze ich …

Ach Freund, lass deine Arbeit steh'n,
komm, nimm dir Zeit für ein Glas Wein.
Die Welt wird sich schon weiterdreh'n,
auch ohne unser Strebsamsein.

Wenn Sie möchten, dann können Sie sich den Song zum Text auf der CD anhören, die diesem Buch beiliegt. Zu jedem Kapitel dieses Buches gibt es nämlich ein passendes Lied, das den Inhalt ergänzt, weiterführt oder vertieft. Auf verschiedenen meiner CDs, die in den ganzen Jahren veröffentlicht wurden, habe ich diese Lieder entdeckt. Und mit einem gewissen Erstaunen festgestellt: Die Themen dieses Buches beschäftigen mich schon sehr lange und sehr intensiv. Sonst hätte ich nicht so viele Lieder dazu geschrieben.

Mal unter uns: Können Sie ein wenig nachvollziehen, worum es in dem Lied geht? Ich sage Ihnen ganz ehrlich: Ich schaffe es sehr selten, mir solche Momente zu gönnen. Aber ich spüre: Ich habe sie sehr nötig. Und weil ich glaube, dass es manchem und mancher von Ihnen ähnlich gehen könnte, habe ich dieses Buch geschrieben.

Und ich verbinde es mit einer Hoffnung: Ich wünsche mir, dass ich Sie für sieben Anregungen gewinnen kann. Und dass Sie spüren: Manche dieser Anregungen haben mit Ihnen zu tun. Und mit dem, was Sie sich gerne gönnen würden oder auch gönnen sollten.

Sind Sie bereit? Los geht's mit Kapitel 1. Und das ist nicht nur für Musiker gedacht.

Kapitel 1

Gönne dir einen passenden Rhythmus

Wir atmen ein und atmen aus. Wir erleben Tag und Nacht. Wir beobachten Neumond und Vollmond und all die Phasen dazwischen. Frühling, Sommer, Herbst und Winter wechseln sich ab. Und das wird auch noch lange so bleiben, verspricht uns die Bibel, allen Klimaschwankungen zum Trotz: *„Solange die Erde steht, soll nicht aufhören Saat und Ernte, Frost und Hitze, Sommer und Winter, Tag und Nacht."* (1. Mose 8,22)

Unser ganzes Leben ist Abwechslung. Wir machen unterschiedliche Phasen durch. Mal geht es langsam zu und mal ziemlich hektisch. Aber wir spüren: Allzu leicht geraten wir aus dem Takt, fliegen wegen des zu hohen Tempos aus der Kurve. Sind nicht in dem Rhythmus unterwegs, der uns eigentlich guttun würde.

Gönne dich dir selbst – für mich heißt das deshalb zuallererst: Finde heraus, was genau du eigentlich brauchst. Unter welchen Bedingungen du am besten

„funktionierst". Oder schöner ausgedrückt: Wie du am besten leben kannst.

Welchen Rahmen, welches Umfeld, welche Geschwindigkeit, welchen Rhythmus brauche ich, um optimal arbeiten und das Leben richtig genießen zu können? Zufriedenheit und Wohlbefinden sind ja Schlüssel zu einem Leben, das wir als „gelungen" empfinden.

Wir Menschen sind unterschiedlich. Wir sind absolut einzigartige Originale, Gott sei Dank. Was der eine als total anstrengend empfindet, ist für den anderen ein Klacks. Die Aufgabe, die jemanden ein ganzes Jahr beschäftigen kann, wird von seiner Kollegin in ein paar Tagen erledigt.

Umso wichtiger, dass ich mein ganz persönliches Tempo herausfinde. Dass ich herausbekomme, ob ich eher ein Morgenmuffel bin oder gerade in den Morgenstunden besonders zügig und erfolgreich arbeiten kann. Und dass ich dann meinen Tag nach Möglichkeit so gestalte, wie er am besten zu mir und meinem „Biorhythmus" passt. Und meine ganze Woche.

Wir haben dafür ein sehr gutes und bewährtes Vorbild: Schon ganz am Anfang der Welt gönnt Gott sich nach sechs schöpferischen Tagen eine Ruhezeit.

Und gibt entsprechend einen wohltuenden Takt vor: Sechs Tage arbeiten, einen Tag ruhen.

In der heutigen Welt schaffen es viele aus den unterschiedlichsten Gründen nicht, diesen Rhythmus einzuhalten. Sonntagsdienste und Schichtarbeit wirbeln alte Traditionen durcheinander. Gerade deshalb ist es wichtig, die Frage der Fragen nicht aus dem Blick zu verlieren: Welchen Rhythmus gönne ich mir? Wie wechseln sich bei mir Arbeit und Freizeit, Anspannung und Entspannung, Schuften und Feiern ab?

„*Die Leute, die niemals Zeit haben, tun am wenigsten*", hat Georg Christoph Lichtenberg gesagt und vermutlich dabei gelächelt. Ich setze ebenfalls lächelnd dagegen: Wer den für sich passenden Rhythmus entdeckt und lebt, der schafft am meisten.

Seit ein paar Jahren lebe und arbeite ich in einem Kloster (Triefenstein, zwischen Würzburg und Aschaffenburg, direkt am Main). Der Einstieg war für einen eher ruhelosen Hektiker wie mich eine echte Herausforderung. Der ganze Arbeitstag ist getaktet, wird regelmäßig heilsam unterbrochen durch Gebete, Mahlzeiten und Pausen. Nie arbeiten wir länger als zwei Stunden lang ununterbrochen am Stück. Ich brauchte eine Weile, bis ich dieses Tagesgerüst eingeübt hatte. Heute würde ich sagen:

Mein Arbeitstag bekommt dadurch einen guten Rhythmus.

Genauso kann es guttun, der Woche eine Struktur zu geben, dem Monat, dem Jahr. Nicht krampfhaft. Und schon gar nicht als Forderung an andere. Aber als ein Schritt auf meinem Weg zu meinem Ziel: Ich gönne mich mir selbst.

Auszeiten gehören dazu, sind lebensnotwendig. Pausen auch, kürzere wie längere. Maceo Parker, der berühmte Jazzsaxophonist, sagte mal über seine mitreißende Musik: *„Musik ist, was du* nicht *spielst."* Musik entsteht also durch die richtigen Pausen an der richtigen Stelle.

Ja, ich weiß auch: Das Tempo der meisten Menschen steigt und steigt. Zwangsläufig. Man erwartet immer mehr Leistung von uns – am Arbeitsplatz, in der Familie, in der Gemeinde. Aber gerade deshalb ist ja ein gesunder und persönlich passender Rhythmus so wichtig. Überlebensnotwendig.

Und deshalb will ich darauf hören, wenn Jesus empfiehlt: *„Geht allein an eine einsame Stätte und ruht ein wenig."* (Markus 6,31 a) Und es soll Teil meines ganz persönlichen Rhythmus' werden, mir solche Zeiten zu gönnen.
In einem Lied singe ich:

Ruhe bei dir

Ich bringe meine Schwächen,
die Furcht, die vielen Fragen,
mein Schwanken, mein Zerbrechen.
Ich bringe mein Versagen.

Ich bringe meine Stärken,
mein Planen, mein Vollbringen.
Die Freude an den Werken,
die wunderbar gelingen.

Und suche Ruhe bei dir.
Ruhe bei dir.
Ich ruhe bei dir.

Ich bringe meine Lasten,
die Fehler, die mich drücken.
Mein ruheloses Hasten.
Die Pläne, die missglücken.

Mein Hoffen und mein Sehnen,
mein Schlafen, mein Erwachen.
Ich bringe meine Tränen.
Ich bringe dir mein Lachen.

Und suche Ruhe bei dir.
Ruhe bei dir.
Ich finde Ruhe bei dir,
mein Gott, Ruhe bei dir.

Sind Sie bereit für zehn nachdenkliche Minuten ganz für sich allein? Hier ein paar Fragen, die Sie bedenken könnten:

- Wie würde ich das Tempo meines Lebens beschreiben?
- Wie würden andere mein Tempo beschreiben?
- Wodurch wird das Tempo meines Lebens bestimmt?
- Hat mein Leben einen (gesunden) Rhythmus?
- Sind Auszeiten fest in meinem Kalender eingetragen?
- Was genau frisst bei mir Zeit und Kraft?
- Was genau baut mich auf, stärkt mich, lässt mich aufblühen?
- Wofür hätte ich gerne mehr Zeit?

So, ich hoffe, Sie hatten ein gutes Gespräch mit sich selbst. Bitte unterschätzen Sie den Menschen da im Spiegel nicht. Er versteht eine ganze Menge von Ihnen. Entdecken Sie bitte seine Kompetenz, und lassen Sie sich von ihm beraten.

Das gilt auch im 2. Kapitel. Darin möchte ich Ihnen Mut machen, sich Ziele zu gönnen und neue Herausforderungen anzugehen.

Noch mal kurz durchatmen – ganz langsam ein, ganz langsam aus. Wenn Sie möchten, gleich noch zwei- oder dreimal.

Und dann geht's weiter.

Kapitel 2

Gönne dir die richtigen Ziele

„Ach, bitte schön, könnten Sie mir vielleicht sagen, wo ich eigentlich hinwill?" Über diesen herrlichen Satz des bayrischen Komikers Karl Valentin haben schon Generationen gelacht. Valentin spitzt wunderbar zu, was ich mich oft gar nicht zu denken traue. Ich weiß tatsächlich in vielen Situationen gar nicht so richtig, wo genau ich eigentlich hinmöchte. Ich bin mir nicht klar über meine Ziele. Und deswegen habe ich auch keine Ahnung, welche Richtung ich einschlagen soll.

Das ganze Leben besteht ja aus unendlich vielen Entscheidungen. Das geht schon frühmorgens los: Wann stehe ich auf? Wie viel Zeit nehme ich mir im Bad? Welches After Shave nehme ich heute – oder lasse ich das Rasieren ganz bleiben?

In der Regel denke ich über diese Fragen gar nicht nach, sondern beantworte sie aus dem Bauch heraus. Ich gehe einfach los, weil das erste Ziel des Tages klar ist: rechtzeitig wach sein, gestriegelt und gebügelt, damit die Arbeit beginnen kann.

Aber was genau sind die großen Ziele meines Lebens? Als Kind im Kindergarten wollte ich unbedingt groß werden und endlich in die Schule kommen. In der Schule wollte ich ein einigermaßen passables Zeugnis. Dann einen vernünftigen Schulabschluss. Die passende Ausbildung mit der Möglichkeit, den richtigen Beruf ergreifen zu können. Und dann?

Lauter wichtige Teilziele, lauter wichtige Etappen auf meinem Lebensweg. Aber welche Ziele stehen über all diesen Teilzielen? Was ist mein Hauptziel, mein Grundanliegen? Und welche weiteren wichtigen Ziele möchte ich gerne erreichen – in den nächsten Jahren oder Jahrzehnten, mit meinem ganzen Leben?

Vielleicht gefällt Ihnen ja diese Formulierung besser: Was ist das wichtigste Projekt meines Lebens? Und welche Projekte haben außerdem noch Priorität?

Haben Sie Mut dazu, zehn Minuten lang über diese Frage nachzudenken? Und sich dann ein paar Stichworte zu notieren?

Meine wichtigsten Ziele/Projekte:

-
-
-
-
-
-
-
-
-
-
-
-
-

Oh, Sie haben nichts notiert? Ich kann das ja verstehen, ich tue mich oft auch schwer damit, konkrete Ziele zu benennen. Aber genau deshalb mache ich Ihnen (und mir) Mut dazu, damit zu beginnen, immer wieder neu.

Der Indianerhäuptling Sitting Bull soll einmal gesagt haben: *„Ein Mensch ohne Ziel ist wie ein Pfeil ohne Spitze."* Diese Erfahrungen sollten wir uns besser ersparen: stumpf und ohne konkrete Richtung durchs Leben zu fliegen. Hin- und hergetrieben durch tausend Sachzwänge, Einflüsse, Einflüsterungen, Erwartungen.

Dabei könnte ich mir doch so viele herrliche Ziele vornehmen: Eine Fremdsprache lernen. Ein Haus bauen. Einen Marathon laufen. Oder wenigstens einen Halbmarathon. Eine Weltreise planen. Einen Asylbewerber in die deutsche Gesellschaft hineinbegleiten. Zehn Kilo abnehmen. Mich weiterbilden. Immer mehr der Mensch werden, der ich eigentlich gerne sein möchte.

Packen wir's an. Ich jedenfalls wünsche Ihnen und wünsche mir, dass die guten Gaben, die Gott in unser Leben hineingelegt hat, sich entfalten können:

Dass deine Träume Wurzeln schlagen

Ich wünsch' dir, dass du wachsen kannst,
dass deine Träume Wurzeln schlagen,
dass du die Kraft hast, es zu wagen,
dass deine Sehnsucht Knospen treibt,
dass Vieles wächst und Manches bleibt.
Ich wünsch' dir, dass du wachsen kannst.

Ich wünsch' dir, dass du blühen kannst,
in guter Erde festgehalten,
soll'n deine Gaben sich entfalten.
Lass deine bunten Blüten seh'n –
sie sind besonders, einfach schön.
Ich wünsch' dir, dass du blühen kannst.

Ich wünsch' dir, dass du reifen kannst,
dass deine Zweige Früchte tragen
und kraftvoll in den Himmel ragen.
Dass du ein Mensch wirst mit der Zeit,
der wie ein Baum wächst und gedeiht.
Ich wünsch' dir, dass du reifen kannst.

Tja, wenn das immer so einfach wäre ...

Ich weiß ja auch, dass ich nicht allein auf dieser Welt lebe und unendlich viele Hürden auf dem Weg zu solchen Zielen zu überwinden sind. Nicht alles, was ich mir vornehme, kann ich auch schaffen.

Aber Beispiele wie das von Alexander Gerst machen mir Mut.

Gerst stammt aus Künzelsau, macht Abitur in Öhringen (nicht gerade eine Weltstadt), zieht ein Jahr mit dem Rucksack durch die Welt und verliebt sich bei der Gelegenheit in Vulkane. Er will mehr darüber wissen und fängt an zu studieren. Geophysik, später Geowissenschaften. Wie 8400 andere Möchtegern-Astronauten bewirbt er sich bei der ESA, besteht den knallharten Auswahltest – und wird genommen. 2014 verbringt Gerst fast ein halbes Jahr lang im All, als Bordingenieur auf der internationalen Raumstation ISS. Nach seiner Rückkehr auf die Erde sagt Gerst der Presse: „*Wenn man Venus, Mars und Mond sieht – unglaublich klar –, dann zieht es einen schon raus. Das liegt in der Natur des Menschen.*"

Ein künftiges Ziel hat Alexander Gerst sich nach diesem faszinierenden Einsatz auch schon gesteckt: Er würde gerne zum Mars fliegen. Oder die künftigen Astronauten vom Boden aus unterstützen, die diesen Flug absolvieren werden.

Gemessen an den Erfolgen und Zielen von Alexander Gerst sind meine Ziele überschaubar. Aber ich lerne von ihm und anderen: Es lohnt sich, mir konkrete Ziele zu stecken. Nicht nur immer auf meine Grenzen zu sehen. Nicht nur auf das, was ich *nicht* kann, auf das, was ich ja sowieso nicht schaffen werde. Sondern auch mal das Unmögliche zu denken. Und es mir dann vielleicht vorzunehmen. Ein großes Ziel ins Auge fassen. Und auf dem Weg dorthin viele Teilziele.

Gotthold Ephraim Lessing verspricht mir da einen gewissen Fortschritt: *„Der Langsamste, der sein Ziel nicht aus den Augen verliert, geht immer noch geschwinder als jener, der ohne Ziel umherirrt.“*

Und auch der Prophet Jeremia setzt (schon vor etwa zweieinhalbtausend Jahren) auf Fortschritt und macht Mut: *„Pflügt ein Neues.“* (Jeremia 4,3 b)

Was könnte mich davon abhalten, meinen Pflug auf neues Land zu setzen, ein neues Projekt anzugehen, mir ein Ziel zu setzen?

Mit fallen da z.B. diese möglichen Antworten ein – und Strategien dagegen:

Ich weiß eigentlich nicht, was ich will!
Vielleicht müsste ich mich mehr mit der Basis mei-

nes Lebens beschäftigen? Vielleicht brauche ich gute Bücher, ein gutes Seminar, gute Gesprächspartner, einen Coach ... Dinge, die mir dabei helfen, mir selbst besser auf die Spur zu kommen? Herauszufinden, was ich will, wonach ich mich sehne, was noch in mir steckt?

Ich bin selbst nicht ganz überzeugt!
Um noch einmal Karl Valentin zu zitieren: „*Mögen hätt ich schon wollen, aber dürfen habe ich mich nicht getraut.*" Wenn ich mich mit viel Unsicherheit auf den Weg machen will, komme ich nicht weit. Vielleicht hilft es mir, gute Argumente für mein Ziel bzw. meine Ziele zu sammeln und mir zu notieren? Vielleicht hilft es mir, sie Freunden mitzuteilen und mich von ihnen begleiten und unterstützen zu lassen? Vielleicht schließe ich einen „Vertrag" mit mir selbst und vereinbare Teilschritte?

Ich scheue vor den Konsequenzen zurück!
Wer A sagt, sollte auch B sagen. Wer sich ein Ziel steckt, der braucht den Mut, viele kleine Schritte auf dem Weg zu diesem Ziel zu gehen. Und das bedeutet konkret: Er muss, kann, darf, sollte immer neu „Ja" ohne „aber" zu seinem Ziel sagen. Und „Ja" ohne „aber" zu dem nächsten Schritt. Und zwangsläufig bedeutet das „Ja" zu einem Ziel und einem bestimmten Schritt immer auch ein „Nein" zu tausend anderen Zielen und unzähligen anderen möglichen Schritten.

Vielleicht lerne ich bei der Gelegenheit, mich für ein klares „Ja" und ein klares „Nein" zu entscheiden (eine Kunst, die die meisten Menschen trainieren müssen). Vielleicht schaffe ich es, meine Entscheidung klar und unmissverständlich auszusprechen. Mir selbst und gleichzeitig allen Betroffenen gegenüber. Nachvollziehbar und um Verständnis werbend.

So könnte ich weitermachen mit Hinderungsgründen und Hürden, jeder Mensch hat andere. Aber ich bin davon überzeugt: Diese Hürden sollten uns nicht davon abhalten, auf gute Ziele zuzugehen.

Im Neuen Testament taucht das Wort „Ziel" nur dreimal auf. Aber von der *Verfehlung* des Ziels ist öfter die Rede. Gott tut alles, damit uns die ganz grundsätzliche „Zielverfehlung" (griechisch „Hamartia", dieses Wort wird in der Bibel oft mit „Sünde" übersetzt) erspart bleibt. Sein Wort, die Weisheit der Bibel, will uns dabei helfen, unser Leben zu einem guten Ziel zu bringen. Im Hebräerbrief (2,1) steht dazu: *„Darum sollen wir desto mehr auf das Wort (Gottes) achten, das wir hören, damit wir nicht am Ziel vorbeitreiben."*

Ein spannender Gedanke: Um ans Ziel zu kommen, muss ich kein „Zielwasser" trinken. Keine Scheuklappen aufsetzen, die alle Ablenkungen fernhalten.

Um nicht „am Ziel vorbeizutreiben", sollte ich auf Gottes Wort hören. Eine ungewöhnliche Motivation, die Bibel ernst zu nehmen.

Ich habe erlebt: Das gelingt am besten nicht allein, sondern gemeinsam mit Weggefährten. Unser Thema im nächsten Kapitel.

Ach ja, bevor Sie umblättern: Wollen Sie sich zur Vorbereitung nicht vorher noch die Namen der wichtigsten Freunde bzw. Freundinnen notieren, die Ihnen spontan so einfallen?

-
-
-
-
-
-
-
-
-
-

Kapitel 3

Gönne dir gute Freunde

„*Wir fahren mit dem Mountainbike durch die Alpen, von Füssen bis zum Gardasee. Kommst du mit?*“ Als mein Freund Jürgen mir vor ein paar Jahren diese Frage stellte, hatte ich allen Grund dazu, den Kopf zu schütteln. Ich besaß zu dieser Zeit ja noch nicht mal ein eigenes Fahrrad. Das Ziel Gardasee per Fahrrad war für mich also vollkommen unerreichbar.

Doch Jürgen wusste schon, dass ich weder für diese Reise ausgerüstet noch ein erfahrener Biker war. Er lachte und setzte mir geduldig seinen Plan auseinander: Dass er mir sein Zweitfahrrad ausleihen und mit mir trainieren würde. Dass wir eine Strecke mit verhältnismäßig wenigen Anstrengungen nähmen, die mich nicht überfordern würde. Und überhaupt, dass er sich ja bestens auskenne und mich schon zum Ziel begleiten werde.

Gesagt, getan. An einem regnerischen Morgen fuhren wir in Füssen los, bezwangen ein paar (nicht besonders schwierige) Pässe, radelten durch traumhafte Gebirgstäler, pflegten abends unsere geschundenen Waden und Hinterteile – und genossen eine knappe Woche später die endlos lange, herrliche Abfahrt aus den Bergen hinunter nach Riva del Garda. Großartig, vermutlich der sportliche Höhepunkt meines Lebens. Ein Ziel, das erst einmal vollkommen unerreichbar schien. Das aber durch das Vertrauen, die Umsicht und die Sachkenntnis meines Freundes möglich wurde. Und auch ein bisschen durch meine Hartnäckigkeit.

Schon 1930 schmetterte Heinz Rühmann den Schlager:

„*Ein Freund, ein guter Freund,*
das ist das Schönste, was es gibt auf der Welt!
Ein Freund bleibt immer Freund,
und wenn die ganze Welt zusammenfällt."

Je älter ich werde, desto mehr begreife ich die tiefe Wahrheit dieses Liedes. Ein guter Freund ist vielleicht nicht das *Schönste* auf der Welt. Aber es gehört zu den kostbarsten Erfahrungen, einen guten Freund in Aktion erlebt zu haben.

Bei dieser Mountainbiketour oder bei der tage- und nächtelangen Arbeit an einer neuen CD. Im gemeinsamen regelmäßigen Gebet oder beim spontanen, fröhlichen Abend mit einem guten Glas Wein und jeder Menge Spaß.

Wohl dem, der einen echten Freund hat.

Als Kind schließt man leicht Freundschaften. Im Sandkasten, im Kindergarten, in der Schule. Als Erwachsener wird man wählerischer. Man lernt ja in den verschiedenen Lebensbereichen immer neue Menschen kennen. Lauter potenzielle neue Freunde. In sozialen Medien wie Facebook verliert der Begriff „Freundschaft" nach meinem Empfinden an Wert. Dort bekommt man ja, schier im Handumdrehen, „Freunde" gleich mengenweise. Facebook-Gründer Mark Zuckerberg selbst ist da ganz nüchtern und warnt:

„Wer glaubt, dass jeder Facebook-Kontakt ein Freund ist, der weiß nicht, was Freundschaft bedeutet." Ich persönlich bin in den letzten Jahren sehr vorsichtig geworden und verwende den Begriff „Freund" sehr sparsam. Zumal man ja nicht nur gute Erfahrungen mit sogenannten „Freunden" macht.

In der politischen Welt, in der ich lange Jahre als Journalist gearbeitet habe, gibt es den bösen Scherz: Wie steigert man den Begriff „Freund"?
Die bittere Antwort:
Freund.
Feind.
Parteifreund.

Ein paarmal habe ich die bittere Wahrheit dieses Witzes beobachten können. Nach allem, was ich aus

verschiedensten Branchen in der Wirtschaft höre, geht es dort oft ähnlich zu: Der nette Kollege nimmt mich lächelnd in den Arm – und versucht mich dabei zu erwürgen. Der ach so freundliche Geschäftsfreund erweist sich als rücksichtslos und unfair.
Es ist nicht einfach, Freundschaften zu schließen, wenn man fürchten muss, von diesem angeblichen Freund eines Tages ein Messer in den Rücken gestoßen zu bekommen.

Dabei sind tiefe, ehrliche, offene Freundschaften so wichtig. Sie machen ein wertvolles Stück Qualität meines Lebens aus.

Ich habe mich gefragt:

Welcher Freund würde mir bleiben, wenn ich eines Tages nicht mehr singen, keine Texte und Bücher mehr schreiben, keine CDs mehr machen, keine Referate mehr halten, nicht mehr moderieren und predigen könnte? Wenn also all das wegfiele, was die Leute an mir schätzen? Welcher Freund bliebe mir, wenn meine Welt „zusammenfällt“? Gerade dann brauche ich ja Freunde.

Haben Sie Mut, sich diese Frage auch einmal zu stellen: Wer würde zu Ihnen stehen, auch dann, wenn Ihre ganze Welt „in sich zusammenfallen“ würde?

-
-
-
-
-
-
-
-
-
-

Ich kann Ihnen nur empfehlen: Pflegen Sie die Beziehung zu den Menschen, deren Namen Sie hier notiert haben.

Wie gut, durch dick und dünn hindurch Freunde an der Seite zu haben.

Ich denke an Hiob, diesen Bluesmann aus dem Alten Testament, der erst reich und glücklich ist, und der dann eines Tages ohne eigene Schuld arm und krank in den Trümmern seines Hauses sitzt. Gott sei Dank hat Hiob drei Freunde: Elifas, Bildad und Zofar. Treue Freunde.

Die kommen und weinen mit ihm und setzen sich zu ihm auf den Boden: *„Und sie saßen mit ihm auf der Erde sieben Tage und sieben Nächte und redeten nichts mit ihm; denn sie sahen, dass sein Schmerz groß war."(Hiob 2,13)*

Sieben Tage: Das ist die Zeit, die vorgeschrieben war für die Trauer.

Wohl dem, der solche Freunde hat. Die da sind und mitleiden und schweigen.

Als die Freunde dann den Mund aufmachen und große Reden halten, fühlt Hiob sich nicht verstanden und fängt an, mit ihnen heftig zu diskutieren, weil er sauer ist über das, was sie ihm sagen.

Aber ich denke: Lieber Freunde, die da sind und Unsinn erzählen, als keine Freunde. Gerade an den Tiefpunkten des Lebens.

Und wie finde ich solche Freunde? Ich weiß nicht, wie Hiob seine treuen Freunde gefunden hat. Ich halte mich an das weise alte Sprichwort aus China: *„Der beste Weg, einen Freund zu finden, ist der, selbst ein Freund zu sein."*

Freundschaft ist wohltuend, kraftspendend, manchmal lebensrettend. Aber Freundschaft ist auch *Arbeit*. So wie Ehe Arbeit ist.

Freundschaft hat mit dem *Gefühl* zu tun, mit Sympathie und Zuneigung. Aber Freundschaft ist auch eine *Willensentscheidung*. Freundschaft entwickelt sich in den seltensten Fällen einfach so, sie will gepflegt werden wie ein zartes Pflänzchen.

Noch ein schönes Sprichwort:

„*Freundschaft ist nicht nur ein köstliches Geschenk, sondern auch eine dauerhafte Aufgabe!*" Ernst Zacharias

Und nachdem ich die Chinesen vorhin zitiert habe, jetzt noch ein Sprichwort der Russen: „*Wer sich keine Zeit für seine Freunde nimmt, dem nimmt die Zeit die Freunde.*"

Bei Referaten zu diesem Thema, die ich öfter einmal vor Gruppen von Männern und gelegentlich auch vor Frauen halten kann, fasse ich meine Erfahrungen, Beobachtungen und Anregungen in diesen Thesen zusammen:

1. Freunde sind kostbar und unbezahlbar.
2. Bei der Zahl von Freunden gilt: Weniger ist mehr, bzw. weniger sind mehr.
3. Bei der Entscheidung für einen Freund sollte man vorsichtig sein – und risikofreudig.
4. Freundschaften sollten auf Dauer an-

gelegt sein. Damit sie in dunklen und in hellen Stunden erlebt werden.

5. Mit Freunden möchte ich offen und ungeschützt reden und diskutieren und streiten können – und schweigen!
6. Gute Freunde sind noch wichtiger als gute Netzwerke.
7. Wer sich darüber beklagt, keine guten Freunde zu haben, sollte sich einen Spiegel kaufen (bzw. über das eigene Verhalten nachdenken).
8. Freundschaft ist auch eine Entscheidung, die Arbeit macht.
9. Freundschaften, die ich nicht pflege, können verwelken.
10. Gute Freundschaften sind und bleiben – ein Geschenk.

Ein Geschenk ist es für mich auch, dass Jesus selbst Menschen seine Freundschaft anbietet. Kurz vor seinem Tod spricht er mehrfach über die Freundschaft. Aufgezeichnet hat das für uns Johannes, der Lieblingsjünger Jesu, vielleicht könnten wir sagen: sein bester Freund.

Im Johannesevangelium also stehen die folgenden Worte Jesu:
„*Ich sage ab jetzt nicht, dass ihr Knechte seid; denn ein Knecht weiß nicht, was sein Herr tut. Euch aber habe ich gesagt, dass ihr Freunde seid ...*“ (Johannes 15,15)

Jesus bietet uns seine Freundschaft an, will uns Weggefährte sein, Begleiter, eben Freund. Die Beziehung zu ihm macht mir Mut, auch anderen ein Freund zu sein und mich auf tiefe Freundschaften einzulassen.

Für mich gehört beides zusammen: Die Freundschaft zu einer Handvoll wertvollen Freunden. Und die Freundschaft zu Jesus.

Vielleicht spricht der Prediger im Alten Testament (Prediger 4,2) davon, wenn er sagt: *„Einer mag überwältigt werden, aber zwei können widerstehen, und eine dreifache Schnur reißt nicht leicht entzwei."*

Mein Lied zum Thema heißt *Weggefährten*, und ich singe es bei vielen Konzerten, weil es für mich ein ganz wichtiges Stück meines Lebens beschreibt.

Weggefährten

Wir haben manchen Pass erklommen
und viele Täler schon durchquert.
Sind manchmal knapp nur durchgekommen,
fuhr'n manchmal fröhlich, unbeschwert.
Wir haben aus der Quelle getrunken
und dann wie Könige gespeist.
War'n im Gespräch total versunken,
auch ohne Worte fest verschweißt.

Wir müssen uns nichts mehr beweisen.
Wir wissen schon, wir sind uns gut.
Sind Weggefährten auf den Reisen
und machen uns beharrlich Mut.

Wir haben manchen Witz gerissen,
herumgeblödelt und gelacht.
Wir teilten manchen Leckerbissen
und hatten aufeinander Acht.
Wir haben manchen Schmerz ertragen,
wir litten mit dem andern mit.
An dunklen wie an hellen Tagen –
wir halfen uns bei manchem Schritt.

Wir müssen uns nichts mehr beweisen …

Wir können zueinander halten,
gestärkt durch den, der zu uns hält.

Gemeinsam unsere Hände falten,
verbunden durch den Herrn der Welt.

Wir müssen uns nichts mehr beweisen …

Mit so viel Rückenwind und Unterstützung können wir den Sprung ins vierte Kapitel wagen, oder? Darin soll es um Ideen, Impulse, Anregungen gehen, die unser Leben bereichern können.

Kapitel 4

Gönne dir Inspirationen

Kennen Sie Kaspar Hauser? Eine traurige Gestalt, aber auch eine faszinierende.

Am Pfingstmontag des Jahres 1828 taucht in Nürnberg ein merkwürdiger Jugendlicher auf, der nicht viel spricht und seiner Umgebung zahlreiche Rätsel aufgibt (die bis heute noch nicht gelöst sind). Als er sich ein wenig an die Gemeinschaft mit anderen Menschen gewöhnt hat, behauptet er, er sei sein ganzes bisheriges Leben lang bei Wasser und Brot gefangen gehalten worden.

Prompt sind die Verschwörungstheoretiker und Enthüllungsjournalisten jener Zeit zur Stelle. Der arme Kaspar sei ein unerwünschter Erbprinz, den seine Verwandtschaft ausschalten wollte, heißt es. Viel spätere Genanalysen haben die These längst widerlegt, doch es bleibt das Rätsel: Wer war dieser Kaspar?

Noch viel spannender finde ich persönlich eine ganz andere Frage in diesem Zusammenhang: Kann ein Mensch es tatsächlich überleben, wenn er jahrelang ohne jeden direkten Kontakt zu anderen Menschen vor sich hinvegetieren muss?

Kaspar Hausers Tod jedenfalls gestaltet sich fast so rätselhaft wie sein Auftauchen aus dem Nichts. Nach mehreren Verletzungen (er behauptet, dass Attentate auf ihn verübt worden seien) stirbt er nur fünf Jahre nach seinem Eintreten in die Gemeinschaft der Menschen. Viele Forscher sagen heute: Er hat sich damals selbst das Leben genommen, weil er in der Welt der Menschen einfach nicht klarkam.

Dieser arme junge Mann hat gewaltige Spuren hinterlassen. Schriftsteller, Regisseure, Komponisten haben sich mit ihm beschäftigt. Der berühmte Satiriker Kurt Tucholsky hat zeitweise unter dem Pseudonym „Kaspar Hauser" veröffentlicht. In der Verhaltensforschung steht der Name Kaspar Hauser bis heute für die „absolute Vereinsamung" des einzelnen Menschen in der Masse (so Alexander Mitscherlich). Und als „Kaspar-Hauser-Syndrom" bezeichnet man das, was mit Säuglingen oder Kleinkindern geschieht, die lange Zeit ohne persönliche Beziehungen aufwachsen müssen, ohne liebevolle Zuwendung, ohne Nestwärme, ohne Anregungen von außen.

Ich bin kein Wissenschaftler, aber soviel habe ich verstanden: Ein bisschen von diesem Kaspar Hauser steckt in uns allen (sonst würden wir uns wohl nicht so für diesen armen Kerl interessieren). Oder von der Angst, wie Kaspar isoliert und einsam zu sein. Und: Kein Mensch kann als „Kaspar Hauser" leben. Wir alle brauchen Beziehungen, brauchen Gemeinschaft und brauchen Anregung von außen. Brauchen Gespräche, brauchen Ideen, die uns anstecken, brauchen Impulse, die etwas in uns in Bewegung bringen, brauchen Anstöße, die uns davor bewahren, uns immer nur um die eigene Achse zu drehen.

Halt, stopp. Bevor ich hier weitermache, könnten Sie doch mal überlegen, wer oder was Sie in letzter Zeit inspiriert hat?

-
-
-
-
-
-
-
-
-

„*Die Inspiration ist ein Besucher, der nicht gleich bei der ersten Einladung erscheint*", so plaudert der russische Komponist Peter Tschaikowsky aus dem

Nähkästchen. Und will uns wohl damit sagen: Ich kann mir nicht vornehmen, eine Inspiration zu bekommen – und sofort Hunderte von Inspirationen vor meiner Haustür wartend vorzufinden. Ich kann nicht einfach losziehen und Inspirationen wie Pilze einsammeln. Sie wachsen nicht unter dem nächsten Baum, sie verstecken sich nicht unter immer der gleichen Zeltplane hinten im Garten, sie sind eben nicht greifbar und berechenbar. Die meisten Inspirationen – so meine Erfahrung – begegnen mir direkt oder indirekt in der Begegnung mit anderen Menschen.

Und eben das macht diese Inspirationen zu etwas ganz Besonderem, das ich mir für mein Leben wünsche.

Und noch einmal stopp: Ich verwende hier pausenlos ein Fremdwort, dessen Bedeutung wir sicherheitshalber zunächst einmal klären müssten. Also auf zu Wikipedia, wo ich folgende Erklärung finde:

„Unter **Inspiration** *(von lat.: inspiratio ‚Beseelung', Einhauchen von spiritus ‚Leben, Seele, Geist') versteht man allgemeinsprachlich eine Eingebung, etwa einen unerwarteten Einfall oder einen Ausgangspunkt künstlerischer Kreativität."*

Danke, Wikipedia, das ist ja spannend: „Inspiration" hat mit „Spirit" zu tun, mit „Leben, Seele,

Geist". Eine Inspiration ist eine Eingebung, die mich „belebt", die mich „beseelt", die mich „begeistert". Das kann ich sehr gut gebrauchen im Trott des Alltags. Das wird mein Leben reicher machen. Und mit einiger Wahrscheinlichkeit indirekt auch manche der Menschen erfreuen, begeistern, mitreißen, mit denen ich zu tun habe.

Bleibt die entscheidende Frage: Was kann ich denn tun, um offen zu sein für (ich zitiere jetzt noch mal sinngemäß Wikipedia) „Eingebungen, unerwartete Einfälle, Ausgangspunkte künstlerischer Kreativität"?

Ich bin ganz sicher, dass es sehr unsinnig wäre, wenn ich Ihnen jetzt schon erzählen würde, in welchen Situationen mir die besten Ideen kommen. Wann *ich* gute Einfälle habe für meine Liedtexte oder für eine Predigt. Mal sehen, vielleicht verrate ich Ihnen das ein bisschen später.

Aber erst mal lade ich Sie wieder ein, sich selbst zu fragen: In welchen Situationen, an welchen Orten, zu welchen Zeiten, mit welchen Menschen hatten Sie in letzter Zeit die besten Einfälle?

-
-
-
-

-
-
-
-
-
-

So, Sie haben nachgedacht, jetzt bin ich dran und erzähle, wie ich manchmal „inspiriert“ werde:

× Ich jogge durch den Wald, und plötzlich erinnere ich mich an einen Satz, den ich neulich mal gehört habe. Und im nächsten Augenblick frage ich mich: Könnte das der Kern eines neuen Liedtextes sein?

× Eine Predigt langweilt mich. Ich versuche mich auf den Inhalt zu konzentrieren, aber der Prediger scheint sich alle Mühe zu geben, mich als Zuhörer zu verlieren. Ich sitze da, meine Gedanken suchen sich einen anderen Weg – und landen plötzlich bei einem Einfall, der mit der Predigt nicht das Geringste zu tun hat.

× Ich rede mit einem Menschen und bin beeindruckt von seiner Sachkenntnis, von seiner Ausstrahlung, von seinen Formulierungen. Und mitten in diesem Gespräch kommt mir ein Gedanke, mit dem ich auf einen seiner Gedanken antworte. Und stelle fest: Eine sehr gute Idee!

× Ich fahre im Auto, höre eine gute CD, lasse Text und Musik auf mich einwirken, summe mit, trommle den Rhythmus leise mit meinen Fingern auf dem Lenkrad. Und ganz plötzlich fällt mir ein Mensch ein, dem ich dringend mal eine Mail schreiben sollte. Oder eine Postkarte.

× Beim Einschlafen geht mir ein bestimmtes Problem durch den Kopf. Ich durchdenke verschiedene Lösungswege, ich drehe die Sache mal so und mal andersherum. Dann dämmere ich weg und schlafe bestens. Und am nächsten Morgen ist da plötzlich eine Idee in meinem Kopf, die das Problem löst.

× Ein Buch fesselt mich, ich muss mich richtig zwingen, nicht zu schnell drüberzufliegen, sondern langsam Satz für Satz wirken zu lassen. Und plötzlich lege ich das Buch aus der Hand und fange an, angeregt durch diesen Autor und seine Gedanken, weiterzudenken. Und vielleicht fällt mir ein, welches Land ich gerne mal kennenlernen würde.

So oder so ähnlich, und manchmal auch völlig anders, erlebe ich Inspirationen. Ich könnte stundenlang davon erzählen, bei welcher Gelegenheit mir die Idee zu welchem Liedtext kam, bei welcher ungewöhnlichen Begegnung, unter welchen teilweise witzigen Umständen ich welchen Einfall hatte. Von anderen Menschen weiß ich, dass sie ihre besten Ideen in der Badewanne haben, unter der Dusche, im Café, im Urlaub oder in einer Werkstatt. Wie gut, dass Inspirationen nicht nach Schema F zu bekommen sind!

Drei Dinge gehen mir durch den Kopf, wenn ich über die Inspirationen nachdenke, die mein Leben so reich machen:

1. Meine wichtigste Aufgabe ist es, *offen zu sein*, zuzuhören, hinzuschauen, ein Gefühl zuzulassen und nicht einfach immer nur wie ein Hamster im Rad vor mich hinzurennen. Ja, ich schätze auch klar geregelte Tagesabläufe, feste Ordnungen und gute Gewohnheiten. Aber ich will offen sein für Störungen, für Veränderungen und Neuerungen, für Verbesserungen und Anregungen.

Erst einmal ist das nur eine innere Einstellung. Aber die kann Konsequenzen haben. Und soll das auch.

2. Ich brauche deshalb *kreative Pausen*, ich brauche manchmal ein bisschen Abstand zu meinem eigenen Alltag, ich brauche innerlich einen gewissen Freiraum und einen gewissen Rahmen – sonst passiert bei mir gar nichts oder nur sehr wenig.

Zu uns ins Kloster Triefenstein kommen immer wieder einmal Menschen, die sich eine Auszeit gönnen wollen. Ein Wochenende, ein paar Tage oder ein halbes Jahr. Nicht wenige berichten hinterher: In dieser Zeit war ich offen für Neues, für Ideen, für Inspirationen. Wie schön!

Inspirationen können gute Ideen sein, die irgendwo, tief in meinem Inneren, in einer nicht so leicht zugänglichen Schublade, schlummern und die ich nur herauslassen muss.

Als Christ aber rechne ich auch noch mit ganz anderen Inspirationen: Ich wünsche mir, dass Gottes Geist (= spirit) sich in meine Welt hinein mit guten Ideen melden darf. Dass er mich auf Dinge aufmerksam macht, die ich ohne ihn nie entdecken würde. Dass er mir gute Ideen gibt und die Kraft, sie umzusetzen. Dass er mich begeistert, beseelt und inspiriert mit Einfällen, die ich allein nie gehabt hätte.

Mein Leben wird reicher durch seine Impulse. Ich erlebe sie nicht als Vorgaben, schon gar nicht als Zwänge. Für mich sind es viele gute Anregungen, Impulse und Ideen, die mich auf vielfältigen Wegen erreichen. Die ich aufgreifen und umsetzen kann. Oder ignorieren. Aber ich wäre doch schön blöd, wenn ich's täte, oder?

In einem Liedtext habe ich mal ausgedrückt, wie ich auf solche Inspirationen Gottes hören möchte:

Was du sagst

Deine Spuren mitten in meiner Welt.
Im Raunen des Windes.
Im Lachen des Kindes.
In taufrischer Luft.
Im Blütenduft – bist du.

**Und ich will hören, was du mir damit sagst,
hören, was du sagst.
Möchte hören, was du mir damit sagst,
hören, was du sagst.
Mit offenen Ohren, mit offenem Herzen
will ich hören, was du mir damit sagst.**

Deine Spuren mitten in meiner Welt.
Im Schein der Laterne.
Im Brief aus der Ferne.
Im schönen Gesicht.
Im Liebesgedicht – bist du.

Und ich will hören ...

Deine Spuren mitten in meiner Welt.
Im Tanz einer Flocke.
Im Klang einer Glocke.
Im vollen Akkord.
In deinem Wort – bist du.

Und ich will hören ...

Ich jedenfalls möchte ein Mensch sein, der offen durch die Welt geht, auf Gott und die Menschen gespannt ist und sich inspirieren lässt durch all das, was um ihn herum vorgeht.

P.S.: Eine ganze Reihe weiser Menschen soll sinngemäß gesagt haben: Erfindungen oder kreative Leistungen bestehen zu einem Prozent aus Inspiration und zu 99 Prozent aus Transpiration. Also ein Geistesblitz, auf den eine ganze Menge Schweiß, Arbeit und Anstrengung folgen.

Wie ich mich dafür zumindest so einigermaßen fit halten kann? Lassen Sie uns im nächsten Kapitel darüber nachdenken.

Kapitel 5

Gönne dir Luft, Licht und Bewegung

Vom gesunden Rhythmus für unser Leben haben wir schon gesprochen. Und dazu gehört ganz bestimmt auch diese Wahrheit: Wir Menschen sind nicht als Bürohocker und Schreibtischtäter geboren. In uns stecken noch unsere Urahnen, die Jäger und Sammler, die zu Fuß weite Strecken an der frischen Luft zurücklegten. Und denen es dabei sehr gut ging.

„*Das Wesen des Lebens liegt in der Bewegung*", soll der Philosoph Arthur Schopenhauer gesagt haben. Und schon die alten Römer wussten, dass ein gesunder Geist am liebsten in einem gesunden Körper wohnt. Mir fällt dazu vor allem dieser Satz aus der Bibel ein: „*Der Geist ist willig, aber das Fleisch ist schwach.*" Oder etwas freier übersetzt: *Ich hätte heute Morgen schon gerne einen Waldlauf gemacht. Aber mein Bett war soooo herrlich warm und gemütlich …*

Ärzte und Wissenschaftler werden nicht müde, uns zu warnen: Wir sollten uns mehr bewegen, sagen sie, sollten ab und zu mal unseren Puls nach oben treiben, sollten lieber die Treppe nutzen als den Aufzug, das Fahrrad statt des Autos. Die Weltgesundheitsorganisation empfiehlt zweieinhalb Stunden Bewegung pro Woche. Das sind 150 aktive Minuten in der Woche. Eine halbe Stunde an fünf Tagen in der Woche.

Aber nicht einmal jeder zweite Deutsche schafft diesen Wert – ich selbst häufig auch nicht.

Stellt sich die spannende Frage: Wie viele Minuten Bewegung haben Sie sich denn in der vergangenen Woche gegönnt?

Versuchen Sie sich ruhig mal zu erinnern und notieren Sie (nur für sich selbst), wann Sie was wie lange gemacht haben:

-
-
-
-
-
-
-
-
-
-
-

Na, haben Sie bei dieser Frage rote Ohren bekommen – wie vermutlich viele andere Leserinnen und Leser auch? Wenn es nicht so ist und Sie mit leichter Hand ihr Bewegungstagebuch aufschreiben konnten, dann gratuliere ich Ihnen herzlich.

Und wenn es Ihnen doch peinlich war, wie wenig Aktivposten Sie da vor sich selbst aufzuweisen hatten, dann verlieren Sie nicht den Mut. Lesen Sie bitte weiter. Auch Sie können das ändern!

Also: Die meisten Zeitgenossen, die ich kenne, wissen ganz genau, dass sie sich zu wenig bewegen. Die Herausforderung besteht darin, diese Erkenntnis und all die guten Vorsätze, die daraus folgen, mit der Wirklichkeit zusammenzubringen.

Ich persönlich kenne nur eine Strategie, die da Erfolg verspricht: *Die Taktik der kleinen Schritte.* Wahlweise auch Salami-Taktik genannt.

Ein Schrittchen nach dem anderen.
Eine Minute nach der anderen.
Ein winziges Teilziel nach dem anderen.

All die gewaltigen Vorsätze an Silvester enden im Nichts, wenn ich mir dabei zu viel vornehme. Eine Chance aber habe ich, wenn ich kleine, ganz konkrete Schritte definiere und aufschreibe (quasi ein Vertrag mit mir selbst). So kann ich ein realistisches Ziel auch schaffen. So erst kann sich etwas in meinem Kopf bewegen (und in der Folge bewegt sich der ganze Körper). Am besten, ich erzähle noch ein paar wohlwollenden Freunden, Verwandten und Arbeitskollegen von meinen kleinen Vorhaben und setze mich so ein bisschen unter Druck.

Sie ahnen schon, worauf ich hinaus will? *„Es gibt nichts Gutes, außer man tut es"*, wusste schon Erich Kästner. Darf ich Ihnen mal ein paar Vorschläge machen, wie kleine Schritte in die richtige Richtung aussehen könnten?

- Einmal in der Woche mit dem Bus zur Arbeit und dann zu Fuß (gehend oder joggend) nach Hause zurück.

- Jede Treppe als persönliche Aufmunterung verstehen und zielstrebig, aber nicht hektisch hinauflaufen. Aufzug? Welcher Aufzug?

- Wichtige Gespräche – dienstlich wie privat – als gemeinsamen Spaziergang verabreden.

- Überhaupt: Spazierengehen, in zügigem Tempo. Mit dem Hund. Oder mit ein paar guten Gedanken im Kopf.

- Beim Telefonieren nicht verkrümmt am Schreibtisch sitzen, sondern aufstehen. Mit dem Mobilteil am Ohr ein paar Schritte hin und ein paar Schritte her machen. Und wieder zurück. Und wieder von vorne.

Sie haben sicher noch viel bessere Ideen. Und vor allem Ideen, die passgenau für Sie sind. Überlegen Sie doch mal, was möglich wäre:

-
-
-
-
-
-
-
-
-
-

Ich bin kein großer Sportler und tauge definitiv nicht als Vorzeige-Bewegungsass. Aber das hier will ich Ihnen schon voller Freude (und mit ein klein wenig Stolz) berichten. Ich hoffe, ich mache Ihnen damit Mut für Ihre ersten kleinen Schritte:

Vor ein paar Monaten stellte ich fest, dass mir meine Muskulatur im Schulterbereich und in den Oberarmen doch ziemlich schlapp vorkam. Was tun?

Ein kleines Spiel bei einer Familienfeier brachte

mich auf die Idee. Wir sollten um die Wette (Kinder wie Erwachsene) Liegestütze machen. Ich blamierte mich bis auf die Knochen (zum Glück nicht als Einziger). Schon nach zwei, drei Liegestützen lag ich hechelnd auf dem Boden. Ich konnte es kaum glauben – so wenige Übungen, und schon machte ich schlapp. Das wollte ich einfach nicht hinnehmen. Diese Niederlage hat mich dazu motiviert, jeden Morgen Liegestütze zu machen, bevor ich in die Dusche steige. *Jeden* Morgen, na, zumindest fast jeden.

Erst drei. Dann vier. Fünf. Sieben ... und inzwischen bin ich bei 17. Und manchmal auch bei 20. Hat ein paar Wochen gedauert, gibt mir aber das gute Gefühl: Da geht was. Obwohl ich schon Großvater bin.

Genau in solchen Momenten spüre ich: Soviel Leben will ich mir gönnen. Ich bin zwar kein drahtiger Jugendlicher mehr (gibt's die eigentlich noch?) und werde keine Weltmeisterschaften mehr gewinnen, aber ich kann mich fordern. Ich kann ein Risiko eingehen und Neues wagen.

Ist nicht das ganze Leben eine einzige Kette von solchen Momenten? Über diese Erfahrung habe ich mal vor ein paar Jahren ein Lied geschrieben. Nach meinen Konzerten reagieren immer wieder mal Zuhörer darauf und finden sich ganz und gar in diesem „Mutmachlied" wieder:

Neuland

Spuren hinterlassen in frisch gefall'nem Schnee.
Das ins Auge fassen, was ich noch nicht seh.
Aus der Reihe denken, gegen den Verstand.
Meine Schritte lenken auf unentdecktes Land.

Neues Land betreten,
ich will Risiken neu eingeh'n.
Wagen, hoffen, beten –
und dann mutig nach vorne seh'n.

Nicht am Sessel kleben, loszieh'n querfeldein.
Ungelebtes leben, für Wunder offen sein.
Grenzen überwinden, auch gegen Widerstand.
Neue Ufer finden hinter dem Asphaltstrand.

Neues Land betreten …

Wege in die Weite,
was soll mir gescheh'n?
Gott an meiner Seite,
er wird mit mir geh'n.

Neues Land betreten …

Apropos Neuland: Vor ein paar Jahren hat mich ein Freund mal dazu gebracht, einen Halbmarathon zu laufen. Nach einigem Training habe ich diese Distanz insgesamt viermal geschafft, zweimal in großer Hitze und mit etlichen Pausen, immer mit katastrophal schlechten Zeiten. Aber egal. Ich habe vier Mal den inneren Schweinehund überwunden, mehr noch: Der Kerl musste brav die 21 Kilometer neben mir hertraben, bis ihm die Zunge aus dem Hals hing. Und spätestens unter der Dusche konnte ich mich richtig über diesen kleinen Sieg freuen.

Allein hätte ich das definitiv nicht geschafft. Ich brauchte Hilfe. Ich habe sie angenommen. Und finde: Damit sollten wir uns gleich noch ein ganzes Kapitel lang beschäftigen.

Kapitel 6

Gönne dir Hilfestellung

Was ich Ihnen jetzt erzähle, ist mir ziemlich peinlich. Aber weil wir uns ja schon ein bisschen kennengelernt haben, traue ich mich einfach. Also: Vor ein paar Jahren musste ich mal volle vier Wochen lang ohne meinen Führerschein auskommen.

Uff, jetzt ist es raus.

Wie das kam? Na, so, wie es meistens kommt: Ich hatte doch tatsächlich jahrelang Pünktchen in Flensburg gesammelt, weil ich ein bisschen zu schnell gefahren und dabei geblitzt worden war. Und mir ist nicht aufgefallen, dass die nicht gelöscht wurden, weil ich regelmäßig ein zusätzliches Pünktchen „eingefahren" hatte. Schön dumm. Dann noch ein erfolgloser Versuch, in der letzten Sekunde über eine dunkelgelbe Ampel zu huschen – die leider inzwischen knallrot geworden war. Zack, der Lappen war weg. Für vier Wochen. Das sind lange 28 Tage.

Eine harte, aber lehrreiche Zeit für mich.

Zwar konnte ich mit öffentlichen Verkehrsmitteln so recht und schlecht meinen Arbeitsplatz erreichen. Zu einigen Konzerten und anderen Terminen fuhr mich meine liebe Frau. Doch dann war da ein lange im Voraus vereinbartes Referat in einem Unternehmen irgendwo am Rande der schwäbischen Alb. Von meinem damaligen Wohnort aus in einer knappen Stunde locker erreichbar – mit dem Auto. Mit Bus oder Bahn aber – Fehlanzeige!

Ich haderte mit mir und grübelte über Lösungsmöglichkeiten: Ein Taxi? Zu teuer. Per Fahrrad? Viel zu weit. Endlich fasste ich mir ein Herz und sprach stammelnd einen lieben Bekannten aus unserer Kirchengemeinde an. Ob er mich vielleicht zu einem Vortrag begleiten und fahren könnte, fragte ich ihn. Und mein Herz rutschte dabei ziemlich tief in die Hose ...

Doch er schien das gar nicht zu bemerken und sagte gerne und fröhlich zu. Ja, er freute sich sichtlich, mal mit mir unterwegs zu sein. Er chauffierte mich mit Bravour von A nach B und zurück und bedankte sich am Ende für den spannenden Vortrag und die interessanten Begegnungen. Und wenn ich mal wieder einen Fahrer bräuchte, dann solle ich mich doch gerne melden ...

Tja, eigentlich war es ganz einfach, um Hilfe zu bitten. Und im Grunde auch ganz einfach, diese Hilfe anzunehmen. Aber ich tat mich – obwohl ich mir einen ausgenommen angenehmen Fahrer ausgesucht hatte – richtig schwer. Wer gibt schon gerne zu, dass er auf Hilfe angewiesen ist?

Sie denken jetzt sicher an die vielen Witze über die Unterschiede zwischen Frauen und Männern in diesem Punkt. Frauen fahren in die Stadt hinein, kurbeln das Fenster hinunter, fragen den Nächstbesten nach dem Weg und landen schnell und sicher am Ziel. Männer studieren das beste Kartenmaterial, lassen drei verschiedene Navis mitlaufen und kurven doch stundenlang vergeblich durch den Großstadtdschungel. Und wenn sie dann endlich begriffen haben, dass sie sich verfranzt haben, dann muss die Frau Gemahlin um Hilfe bitten.

Überzogen? Überholt? Ich weiß wirklich nicht, ob alle Frauen sich leichter tun, um Hilfe zu bitten als Männer. Ich weiß nur: Ich tue mich schwer damit.

Und Sie? Überlegen Sie doch mal so ganz für sich allein: Wem haben Sie in den letzten Monaten geholfen – ganz egal, bei welcher Gelegenheit? Notieren Sie hier, ruhig in Stichworten, Situationen, in denen Sie hilfreich sein konnten:

-
-
-
-
-
-
-
-
-
-

Sie ahnen schon, was jetzt kommt. Ich mache Ihnen Mut, darüber nachzudenken: Wo habe ich um Hilfe gebeten und Hilfe angenommen?

-
-
-
-
-
-
-
-

-
-
-
-

Können Sie sich noch daran erinnern, wie Sie sich dabei gefühlt haben, um Hilfe zu bitten oder gar bitten zu müssen? Und wie es Ihnen damit ging, diese Hilfe anzunehmen? Der Schweizer Journalist und Kapuzinermöch Walter Ludin hat es einmal so auf den Punkt gebracht: *„Hilfe in Anspruch nehmen: etwas vom Anspruchsvollsten.“*

Dann gehen wir diese anspruchsvolle Geschichte doch mal gemeinsam an.

Wenn das Auto nicht mehr richtig fährt, dann bringe ich es zur Werkstatt und bitte jemanden um Hilfe, der sich auf Autos versteht.

Wenn mein Computer nicht mehr mag, dann rufe ich jemanden zu Hilfe, der über geschicktere Finger und eine bessere Fachkenntnis verfügt als ich.

Wenn ich mich fürchterlich einsaue beim Versuch, einen Granatapfel zu schälen, dann rufe ich einen Obstexperten an oder google so lange im Internet, bis ich hilfreiche Tipps finde.

Alles ganz einfach, ganz selbstverständlich. Eigentlich.

Ich möchte mir bewusst machen: Kein Mensch weiß alles, kann alles, bekommt alles hin. Jeder hat

Stärken, und jeder hat Schwächen. Ich kenne meine Stärken so einigermaßen. Meine Schwächen aber – mit denen beschäftige ich mich lieber gar nicht so viel. Ich überspiele sie, will sie nicht wahrhaben, will sie vor allen Dingen nicht vor anderen sichtbar werden lassen.

Dabei sind auch diese anderen nur Menschen mit Stärken und mit Schwächen. Und viele sind – wie ich – Menschen, die ihre Schwächen lieber verbergen möchten. Aber es stimmt: *„Die größte Schwäche ist, zu fürchten, schwach zu erscheinen"*, hat der französische Bischof und Philosoph Jacques Bénigne Bossuet etwa um das Jahr 1700 herum geschrieben. Recht hat der Mann.

Wir dürfen schwach sein, ich darf schwach sein. Ich darf so frei sein, meine Schwäche zuzugeben und um Hilfe zu bitten. Und vielleicht löse ich damit auch bei dem anderen Ehrlichkeit und Offenheit aus.

Soviel Schwäche, soviel Hilfsbedürftigkeit möchte ich mir gönnen. Ich muss nicht alles selbst können. Ich darf Hilfe annehmen. Ich darf Hilfe geben.

Im Lukas-Evangelium bin ich auf einen spannenden Bericht gestoßen. Da schleppen ein paar Männer ihren kranken Freund auf dem Rücken zu Jesus. Sie wollen ihm helfen. Und am Ende stellte sich heraus: Sie können ihm auf diese Weise tatsächlich ein komplett neues Leben ermöglichen. Jesus heilt den kranken Freund und spricht mit ihm über ein gutes, gelingendes Leben (Lukas 5,17-26).

Die Vorgeschichte zu dieser Szene kennen wir leider nicht. Hat der Kranke die Gesunden um Hilfe gebeten? Haben sie ihn – mit seiner Zustimmung oder gegen seinen ausdrücklichen Willen – einfach durch die Stadt geschleppt? Wir wissen es nicht. Wir wissen nur: Diese Hilfsaktion hatte wunderbare Folgen.

Mir geht dabei durch den Kopf: An manchen Tagen könnte ich einer von denen sein, die einen kranken, schwachen oder überforderten Menschen ein Stück des Weges schleppen. Und an anderen Tagen brauche ich Menschen, die mich unterstützen und mir helfen.

Hilfe

Wenn einer dringend Hilfe braucht,
weil ihm die Kraft zum Gehen fehlt,
weil ihn die Angst vor Morgen quält,
kein Lichtstrahl zu ihm dringt.
Dann braucht er einen guten Freund,
der gerade dann fest zu ihm steht,
der zuhört, hilft und mit ihm geht
und ihn zu Jesus bringt.

Wenn einer dringend Hilfe braucht,
weil seine Schuld ihn mutlos macht
und ihn verfolgt bei Tag und Nacht,
weil das Verdrängen nicht gelingt.
Dann braucht er einen guten Freund,
der ihm in Liebe sagen kann:
Hier fängt für dich Vergebung an –
und ihn zu Jesus bringt.

Wenn einer dringend Hilfe braucht,
weil er nicht glauben kann an Gott,
nur diskutiert mit scharfem Spott
und dabei überzeugend klingt.
Dann braucht er einen guten Freund,
der sich ein off'nes Wort erlaubt,
der für ihn betet, hofft und glaubt
und ihn zu Jesus bringt.

Ich brauche Hilfe. Manchmal. Und ich will es lernen, das zu sagen und die Hilfe dann auch anzunehmen. *„Gegenseitige Hilfe macht arme Leute reich"*, weiß ein schönes chinesisches Sprichwort. Ich bin davon überzeugt: In vielen Fällen können tatsächlich beide Seiten beteiligt werden, der Helfende und der, dem geholfen wird.

Zu einem gelingenden Leben kann also die Bereitschaft gehören, Schwächen einzugestehen und um Hilfe zu bitten.

Einen Fachmann oder eine Fachfrau.

Einen guten Freund, der mit anpackt, mitdenkt, mitleidet oder auch einfach zuhört.

Vielleicht einen Seelsorger, der eine Frage gemeinsam mit mir bedenkt und vor Gott bringt.

Oder einen Therapeuten, der mir als Profi bei für mich unlösbaren Problemen zur Seite steht und mich unterstützt.

Bei einem Vortrag sagte einmal ein in christlichen Kreisen ziemlich bekannter und hochgeschätzter Redner: *„Ich bin ein Seelsorgefall. Und das schon seit Jahren."* Seine Zuhörer reagierten erstaunt bis geschockt – ausgerechnet der? Mit einem gewinnenden Lächeln im Gesicht erklärte der Redner, dass er immer wieder Hilfe brauche und es auch gelernt habe, sie gerne und dankbar anzunehmen. Sein Publikum reagierte begeistert. Und so mancher dachte wohl: Wenn der das in Anspruch nimmt, dann könnte ja auch ich mir mal helfen lassen.

Öffentlich Schwächen eingestehen – einfach stark, da möchte ich auch hin.

Dabei hilft es mir sicher, mir bewusst zu machen: Ich bin nicht die einzige und letzte Instanz in meinem Leben. Ich kann und ich darf mir helfen lassen, gerade auch von meinem Schöpfer. Über die besondere Beziehung zu ihm soll es im Abschlusskapitel gehen. Bis gleich.

Kapitel 7

Gönne dir einen guten Draht nach oben

Lernen von Dir

Vor der Tür rumort der Alltag,
doch hier drin ist's mir egal.
Ich tauch ein ins Meer der Ruhe
und versink darin total.
Spür, dass du mich schon erwartest,
stell mich langsam auf dich ein.
Möchte mich auf dich besinnen,
und ganz offen für dich sein.

Ich will lernen von dir,
auf dich hör'n, auf dich seh'n.
In Gemeinschaft mit dir
worauf's ankommt, versteh'n.

In dem Wirbel der Gedanken,
überhör' ich dich so leicht.
Wenn du leise mit mir redest,
wenn dein Wort mein Ohr erreicht.

Mach mich offen für dein Reden,
gib, dass mich jetzt nichts mehr stört.
Lehre mich, auf dich zu hören,
hören, wie ein Jünger hört.

Ich will lernen von dir ...

Herr, ich sitz zu deinen Füßen,
und ich ruh mich bei dir aus,
fühl' mich wohl in deiner Nähe,
fühl' mich ganz bei dir zu Haus.
Spüre deine große Liebe,
die mir Wärme schenken will.
Lass mich ganz von ihr durchdringen,
halt in deiner Sonne still.

Ich will lernen von dir ...

Ich bin davon überzeugt: Gott möchte, dass mein Leben gelingt. Und deswegen wende ich mich gerne an ihn und bitte ihn um Rat und Unterstützung für mein Leben.

Er hat die Welt geschaffen und so letztlich dafür gesorgt, dass es mich gibt. Und er freut sich wie ein guter Vater darüber, wenn ich Fortschritte mache, mein Leben genießen und andere Menschen glücklicher machen kann. Und darum suche ich das Gespräch mit ihm und möchte mich über sein Konzept meines Lebens so gut informieren, wie ich nur kann. Soviel Unterstützung für mein Leben gönne ich mir.

Dabei spielt die Bibel für mich eine große Rolle.

Ich verstehe die Bibel so: Sie ist das Buch, in dem Gott zu mir redet und mir wichtige Überlebenstipps gibt. Ein Buch, das mir auf vielfältige Weise Lebenshilfe geben will.

Die Themenvielfalt ist groß: Wie ich mich selbst sehen kann, und wie ich Gott sehen kann. Wie ich mit meinen Schwächen und Fehlern umgehe und wie mit meinen Gaben und Stärken. Wie ich mich anderen Menschen gegenüber verhalten kann. Wie ich umzugehen habe mit der Natur. Mit Konflikten. Mit Herausforderungen.

Zu all diesen Fragen (und zu noch viel mehr) meldet sich die Bibel zu Wort. Und ich habe die Erfahrung gemacht: Ihre Worte haben sehr viel mit mir und mit meinem Leben zu tun. Oft empfinde ich: Durch diesen oder jenen Satz spricht Gott genau in eine konkrete Situation bei mir hinein. Eine Frage wird geklärt. Oder ich werde liebevoll, aber klar hinterfragt.

Ich würde sehr viel verpassen, wenn ich diese Unterstützung nicht annehmen würde. Darum will ich mir Zeit mit diesem Buch gönnen. Es soll in mein Leben hinein Wirkung haben dürfen. Nein, besser ausgedrückt: Gott soll sich in mein Leben hinein auswirken dürfen.

Er macht mir z.B. Mut, letztlich nicht auf meine eigene Kraft zu vertrauen, sondern auf ihn und seine barmherzige Liebe.

Er macht mir Mut, nicht meinen Dickkopf durchzusetzen, sondern verständnisvoll auch andere zum Zug kommen zu lassen.

Er macht mir Mut, Konflikte und Streit nicht einfach auszusitzen, sondern das Gespräch zu suchen, mich zu entschuldigen und anderen zu vergeben.

Er macht mir Mut, die Gaben zu entdecken, die er in mich hineingelegt hat, sie zu entwickeln und sie für mich und zum Wohle anderer Menschen einzusetzen.

Er macht mir Mut, meine Vergangenheit zu bereinigen und mich mit den dunklen Seiten meines Lebens zu versöhnen – mit seiner Hilfe.

Er macht mir Mut, in seinem Auftrag Verantwortung zu übernehmen und verspricht, mich dabei zu begleiten und zu unterstützen.

Er macht mir Mut, die Gemeinschaft mit anderen Christen zu suchen, mich mit ihnen auszutauschen, für sie da zu sein und geistliche Gemeinschaft zu erleben.

Und so könnte ich viele weitere Dinge aufzählen.

Aber vielleicht könnten Sie ja diese Reihe auch mit Ihren Erfahrungen und Ideen fortsetzen. Wozu macht Gott Ihnen Mut?

-
-
-
-
-
-
-
-
-
-
-

„Die Bibel ist so voller Gehalt, dass sie mehr als jedes andere Buch Stoff zum Nachdenken und Ge-

legenheit zu Betrachtungen über die menschlichen Dinge darbietet", schwärmte Johann Wolfgang von Goethe. Aber in anderem Zusammenhang warnte er auch: *„Das gefährlichste aller Bücher in weltgeschichtlicher Hinsicht [...] ist doch wohl unstreitig die Bibel, weil wohl kein anderes Buch so viel Gutes und Böses im Menschengeschlecht zur Entwicklung gebracht hat."*

Wie bitte? Goethe schwärmt einerseits von der Bibel, andererseits warnt er vor ihr? Ich kann ihn aus verständlichen Gründen nicht danach fragen, warum er so zwiespältig denkt. Aber ich könnte mir schon vorstellen, was ihn skeptisch macht: Zu viele Menschen haben im Laufe der Weltgeschichte irgendwelche Aussagen der Bibel herausgepickt, ohne auf den Zusammenhang zu achten. Und sie haben damit schlimme Dinge gerechtfertigt: Krieg, Sklaverei, Kreuzzüge, Rassismus, Ausbeutung und vieles mehr.

Wer die Bibel einfach nimmt und sie wie ein ganz normales Buch durchblättert, der kann auf wunderbare Sätze und Lebensweisheiten stoßen. Aber er kann auch verwirrt werden oder auf wirklich schlechte Ideen kommen.

Ich glaube: Nicht der Buchstabe und nicht das Wort sind entscheidend. Es ist Gott, der hier zu Wort kommen soll. Er möchte eine lebendige Beziehung mit mir eingehen, eine Freundschaft, die wächst und sich bewährt. Und deswegen gehören das Gespräch mit Gott (Christen nennen es auch „Gebet“) und das Lesen der Bibel eng zusammen.

Also bitte ich Gott darum, zu mir zu sprechen und dafür die Bibel zu nutzen. Und ich erlebe: Manchmal spricht mich ein Bibelvers oder ein Abschnitt sehr tief und sehr persönlich an, als wäre er gerade für mich und meine momentane Lage aufgeschrieben.

Egal, ob Sie selbst an Gott glauben und mit ihm leben oder nicht, überlegen Sie doch mal für sich: Welche Art von Unterstützung und Hilfestellung würde ich mir von Gott für mein Leben wünschen (gehen Sie doch bitte im Zweifelsfall ruhig mal davon aus, dass es Gott gibt):

-
-
-
-
-
-
-
-
-
-
-

„Gott ist handelnde Liebe", das war die Erfahrung von Hudson Taylor, einem Engländer, der im 19. Jahrhundert in China für den Glauben an Jesus Christus geworben hat. Sein Zitat gefällt mir gut, ich wandle es noch ein wenig ab und spiele mit dem Gedanken: Gott ist immer für mich aktiv. Es ist Gottes Wesen, dass er für uns Menschen da ist.

Sie sind skeptisch? Das kann ich gut verstehen. Ich würde Ihnen gerne schlüssige Argumente vorlegen, eindeutige und nicht zu widerlegende Beweise, dass Gott so ist. Aber das kann ich nicht.

Wenn Sie herausbekommen möchten, ob Gott tatsächlich relevant ist für Sie und Ihr Leben, dann gibt es dafür nur eine Möglichkeit: Eine Beziehung zu ihm zu beginnen. Der englische Autor C. S. Lewis hat das sehr gut auf den Punkt gebracht: *„An Gottes Dasein glauben heißt: Ich stehe nicht mehr vor einem Argument, das meine Zustimmung verlangt, sondern vor einer Person, die mein Vertrauen fordert."*

Wie aber könnte dieses Vertrauen Gott gegenüber entstehen und wachsen? Dabei können Bibel und Gottesdienstbesuch helfen, gute Bücher und gute Gespräche, Gemeinschaft mit anderen Christen und Zeit zum Nachdenken und zum Gebet. In den wenigsten Fällen, die ich kenne, beginnt diese

Freundschaft zwischen einem Menschen und Gott irgendwie spektakulär. Gott hat sich längst für diese Freundschaft entschieden. Wenn ein Mensch zustimmt und auf die Freundschaft eingeht, dann beginnt ein Prozess, aus dem viel Gutes erwachsen kann.

Und eben das möchte ich mir gönnen, weil es für mein Leben lebenswichtig ist: Die Beziehung nach oben, die Freundschaft zu meinem Schöpfer, der mich aufbaut und korrigiert, mich unterstützt und warnt, mich berät und fordert. Der mir hilft, mit meinen Grenzen und mit meiner Schuld fertig zu werden. Und meine Gaben und Stärken zu entwickeln.

Bücher über Gott und über die Freundschaft zwischen ihm und uns könnten Bibliotheken füllen. Ich kann hier nur einige wenige persönliche Dinge notieren. Für mich ist der gute Draht nach oben Ausgangspunkt und Endpunkt meiner Gedanken über ein Leben, das gelingt. Weil Gott ist, wie er ist, ist er das Beste, was mir passieren kann.

Dieses stille Lied habe ich schon vor einem Vierteljahrhundert getextet. Mit jedem Jahr begreife ich seine Wahrheit mehr:

Wie du bist

Der du mich anschaust und mit deinem Blick begleitest.
Der du keinen meiner Schritte übersiehst.
Der du das wahrnimmst, was in meinem Innern vorgeht.
Und dabei trotzdem deine Augen nicht verschließt.

Der du ganz Ohr bist, wenn ich dir von mir berichte,
dich für mich und für mein Leben interessierst.
Der du mein Beten hörst und wirklich darauf eingehst,
selbst wenn ich sprachlos bin mit Liebe reagierst.

Der du das spüren kannst, was ich tief drinnen fühle.
Und verstehst, worum mein Denken gerade kreist.
Der du mich besser kennst, als ich mich selber kenne.
Und um die Stärken und die Schwächen bei mir weißt.

Du, der mich sieht.
Du, der mich hört.
Du, der mich kennt und mich so gut versteht.
Ich bin dir dankbar,
dass du so bist, wie du bist!

Zum Schluss: Das Leben ist ein Geschenk

Uff, das waren eine Menge Gedanken, Zitate, Texte und Aufgaben. Ich hoffe, ich habe Ihnen nicht zu viel zugemutet, aber auch nicht zu wenig.

Bitte halten Sie sich nicht lange auf an den Punkten, die für Sie nicht wichtig, nicht relevant, unverständlich oder gar ärgerlich waren.

Von Herzen wünsche ich Ihnen, dass manche Anregung (und mag sie auch noch so klein sein) genau für Sie passt. Und dass Sie Mut gefunden haben oder noch finden werden, sie umzusetzen.

Ich wünsche Ihnen dabei gute Erfahrungen und Gottes Segen.

Und ich möchte Ihnen noch ein paar gute Zitate mitgeben, die Ihnen vielleicht so gut gefallen wie mir:

„Erfolg ist weder einen Ferrari noch eine Million Dollar zu haben. Erfolg ist es, sein Leben zu leben, wie man es leben möchte.“
Jim Rohn

„Für alles auf der Welt hat Gott schon vorher die rechte Zeit bestimmt. In das Herz des Menschen hat er den Wunsch gelegt, nach dem zu fragen, was ewig ist. Aber der Mensch kann Gottes Werke nie voll und ganz begreifen. So kam ich zu dem Schluss, dass es für den Menschen nichts Besseres gibt, als sich zu freuen und das Leben zu genießen. Wenn er zu essen und zu trinken hat und sich über die Früchte seiner Arbeit freuen kann, ist das allein Gottes Geschenk."
Prediger 3,11-13, Hoffnung für alle

Während der Arbeit an diesem Buch hat Christoph Zehendner sich ein neues Ziel gegönnt und sich damit einen Kindheitstraum erfüllt: Zum ersten Mal in seinem Leben war er auf einem Klettersteig auf knapp 2000 m in den Allgäuer Alpen unterwegs.

Christoph Zehendner, Jahrgang 1961, ist verheiratet, hat zwei erwachsene Kinder und drei Enkeltöchter. Er lebt und arbeitet mit seiner Frau (Kunsttherapeutin) im Kloster Triefenstein bei Würzburg, das von der evangelischen Christusträger-Bruderschaft betrieben wird. Der gelernte Journalist und studierte Theologe schreibt Liedtexte, macht CDs und Bücher und ist zu Konzerten, Predigten und Moderationen unterwegs. www.christoph-zehendner.de

Auf meiner Bank
Text: Christoph Zehendner
Musik: Manfred Staiger
© Auf den Punkt, Siegen
CD: Dass deine Träume Wurzeln schlagen (Gerth Medien)

Ruhe bei dir
Text: Christoph Zehendner
Musik: Peter Vanielik-Schneider
© Auf den Punkt, Siegen
CD: Ganz nah (Gerth Medien)

Dass deine Träume Wurzeln schlagen
Text: Christoph Zehendner
Musik: Manfred Staiger
© Auf den Punkt, Siegen
CD: Dass deine Träume Wurzeln schlagen (Gerth Medien)

Weggefährten
Text: Christoph Zehendner
Musik: Manfred Staiger
© Auf den Punkt, Siegen
CD: Wortweltenwanderer (Gerth Medien)

Was du sagst
Text: Christoph Zehendner
Musik: Manfred Staiger
© Profil Medien
CD: Ganz nah (Gerth Medien)

Neuland
Text: Christoph Zehendner
Musik: Albert Frey
© Auf den Punkt, Siegen
CD: Wortweltenwanderer (Gerth Medien)

Hilfe
Text: Christoph Zehendner
Musik: Manfred Staiger

CD: Folgen (Kawohl)

Lernen von dir
Text und Musik: Christoph Zehendner

CD: Er hört dein Gebet (Felsenfest)

Wie du bist
Text: Christoph Zehendner
Musik: Manfred Staiger

CD: Himmel auf Erden (Hänssler)